Für ....

Zur Erstkommunion am ....

Mit lieben Wünschen von

....

Zur Kommunion wünsch ich dir...

Wünsche schicken wir wie Sterne
zum Himmel hoch in weite Ferne.
Gott, sei mit uns auf unsern Wegen
und gib uns allen deinen Segen.
Dass Friede wird und Friede bleibt,
dass Hoffnung keimt und Blüten treibt.

Eckart Bücken

Zu deiner Erstkommunion

wünschen wir dir von Herzen:

....

....

....

....

....

....

Dein(e) ....

Gott ist mit dir in allem, was du tust.

Genesis 21,22

Mein Steckbrief

Ich heiße .... und bin am ....

in .... geboren.

Zu meiner Familie gehören ....

....

Meine Schule heißt ....

und ich gehe dort in die Klasse ....

Meine besten Freunde sind ....

....

Meine Hobbys sind ....

....

Hier ist Platz für
einen netten
Schnappschuss von dir

Jeder Mensch hat Wünsche.
Große und kleine Wünsche,
Herzenswünsche, kleine Alltagswünsche,
Wunschträume …

Heute, an meinem besonderen Festtag
der heiligen Erstkommunion,
schicken meine Familie, liebe Freunde,
Bekannte und auch ich selbst
unsere Wünsche auf die Reise:
in der Hoffnung, dass sie dich, lieber Gott,
erreichen, und dir von mir
und meinem Leben erzählen.

Meine Freude, meinen Dank, alles sag ich dir.
Du hältst zu mir guter Gott, spür ich tief in mir.
Halte zu mir, guter Gott, heut den ganzen Tag,
halt die Hände über mich, was auch kommen mag.

Rolf Krenzer

Wo ich gehe, bist du da,
wo ich stehe, bist du da.
Du bist oben im Himmel,
bist unten auf der Erde.
Wohin ich mich wende,
du bist an jedem Ende,
du bist immer da.

Helga Storkenmaier

Meine Erstkommunion

Meine Erstkommunion fand am .... um .... Uhr
in der Kirche .... statt.
Pfarrer .... hat den Gottesdienst gestaltet.

Auf diesen besonderen Tag haben wir uns gemeinsam vorbereitet.
In meiner Kommuniongruppe waren: ....
....
....
....

Die Gruppenstunde fand immer
bei .... statt und wurde
von .... geleitet.

Hier habe ich nach dem Festgottesdienst mit meiner Familie gefeiert:

Am Tag meiner Erstkommunion hab ich mich am meisten darüber gefreut, dass

Die schönste Erinnerung an meine Erstkommunion:

Meine liebsten Erinnerungsfotos

Hier ist Platz für das
schönste Foto
von dir am Tag deiner
Erstkommunion

Hier ist Platz für ein
nettes Familienfoto
am Tag deiner
Erstkommunion

Das Fest deiner Erstkommunion

Du empfängst heute zum ersten Mal
die heilige Kommunion
und sagst „JA" zu deinem christlichen Glauben.
Möge dir dein Vertrauen auf Gott
immer ein verlässlicher Wegweiser sein.
Wo auch immer du bist: Gott ist da.
Immer an deiner Seite, unmerklich und still,
begleitet er dich und nimmt dich an der Hand.
Du kannst dich auf ihn verlassen.
Und das ist ein gutes Gefühl.

Der Segen Gottes sei mit dir
wie eine gute Hand an deiner Schulter.

Irischer Segenswunsch

Das wünschen mir meine Eltern zur Kommunion:

....

....

....

....

....

....

....

....

....

....

....

....

....

Die Feier der Eucharistie

Denn am Abend, an dem er ausgeliefert wurde
und sich aus freiem Willen dem Leiden unterwarf,
nahm er das Brot und sagte Dank, brach es,
reichte es seinen Jüngern und sprach:
„Nehmet und esset alle davon: Das ist mein Leib,
der für euch hingegeben wird.“

Ebenso nahm er nach dem Mahl den Kelch,
dankte wiederum, reichte ihn seinen Jüngern und sprach:
„Nehmet und trinket alle daraus: Das ist der Kelch
des neuen und ewigen Bundes, mein Blut, das für euch und für
alle vergossen wird zur Vergebung der Sünden.
Tut dies zu meinem Gedächtnis."

In Jesus verbunden

In den Gaben von Brot und Wein ist Jesus mitten unter uns.
Durch seine Nähe verwandelt er unser Leben und
wird dabei unser engster Freund.
Wie Brot und Wein in der Eucharistiefeier
eine neue Bedeutung erhalten und
zu Leib und Blut Jesu Christi werden, so sollen auch
wir uns zu Menschen wandeln, die seine Botschaft leben.
Im gemeinsamen Mahl sind wir
mit Gott und miteinander verbunden.

Wenn das Brot, das wir teilen, als Rose blüht,
und das Wort, das wir sprechen, als Lied erklingt,
dann hat Gott unter uns schon sein Haus gebaut,
dann wohnt er schon in unserer Welt.
Ja, dann schauen wir heut schon sein Angesicht
in der Liebe, die alles umfängt,
in der Liebe, die alles umfängt.

Claus-Peter März

Gott sei vor dir,
heut und morgen,
um dir den neuen Tag zu öffnen
und den rechten Weg zu zeigen.

Gott sei neben dir,
immer und ewig,
um dich in die Arme zu schließen,
dich zu schützen und zu lieben
wie ein guter Freund.

Gott sei in dir,
in deinem Herzen,
um dich zu trösten,
wenn du traurig und alleine bist.

Gott sei über dir,
um dich zu segnen.
Gott segnet dich, weil er dich
lieb hat, so wie du bist.

Irisches Segensgebet

Ich wünsche dir …

… dass du spürst, dass es am Tag deiner Erstkommunion
nicht nur um das Fest geht, sondern um dich selbst.

… dass du herausfindest, welchen Weg
du in deinem Leben gehen möchtest.

… dass deine Familie ein sicherer Hafen für dich ist.

… dass du gute Freunde hast,
auf die du dich verlassen kannst.

… dass du immer wieder auf andere
zugehen und ihnen die Hand reichen kannst.

… dass du jeden Tag kleine Dinge findest,
die dir Freude machen.

… dass du glücklich bist, einfach so, und andere mit deinem Glück anzustecken vermagst.

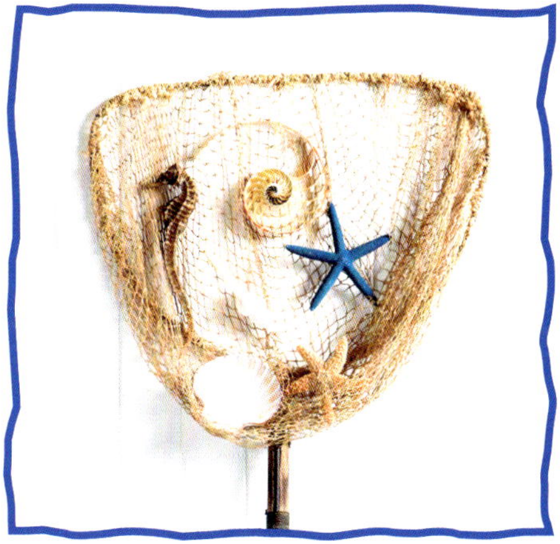

… dass du spürst,
wie einzigartig du bist.

Die Nähe Gottes erfahren

Besonders beim Beten spüren wir, dass Gott uns nah ist.
Das Gefühl, dass es da jemanden gibt, der uns
immer zuhört und teilnimmt an unserem Leben, tut gut.
Wir können gemeinsam beten oder allein,
wann immer wir möchten oder zu bestimmten Zeiten.
Für uns selbst, aber auch für andere können wir danken, hoffen und
bitten. In diesem stillen Moment sind wir eng mit Gott
und den Menschen, an die wir denken, verbunden.

Ich wünsche dir, dass du beim Beten tief in dir spürst:
„Gott ist für mich da."

Lieber Gott,

Wenn ich mal Hilfe brauche,
weiß ich, dass du alles dafür tust,
um mir den Rücken zu stärken.
Dich kann ich immer um Rat fragen,
zu jeder Tages- und Nachtzeit
hörst du mir zu und lässt mich spüren:

Du bist mein Freund.

Segen sein für andere

Ein Mann spricht mit Jesus. Die Leute hören zu.
Der Mann fragt: „Was will Gott von mir?"
Jesus sagt: „Du kannst doch lesen!
Was liest du in der Bibel?"
Der Mann sagt: „Liebe Gott und deinen Nächsten!"
Jesus sagt: „Tu das!" Der Mann sagt: „Das tue ich.
Aber wen soll ich denn alles lieben?
Wer ist denn das, mein Nächster?"
Da erzählt Jesus eine Geschichte:

Ein Mann aus Jerusalem macht eine Reise.
Er will nach Jericho.
Auf dem Weg überfallen ihn Räuber. Sie schlagen ihn.
Sie nehmen ihm alles weg. Sie laufen fort.
Sie lassen ihn halb tot liegen.

Ein anderer Mann kommt. Er war im Tempel in Jerusalem.
Sein Beruf ist es, Gott zu dienen. Er ist ein Priester.
Er sieht den verletzten Mann.
Aber er schaut weg und geht vorbei.

Wieder kommt ein Mann aus Jerusalem.
Auch er war im Tempel. Dort hilft er dem Priester
beim Gottesdienst. Er sieht den verletzten Mann.
Auch er geht vorbei.

Dann kommt ein Mann aus Samarien, ein Samariter.
Die Leute von Jerusalem und die Samariter sind Feinde.
Der Samariter sieht den Mann liegen.
Er bleibt stehen. Er geht zu ihm hin.
Er reinigt seine Wunden. Er verbindet ihn.

Dann hebt er den Mann auf seinen Esel.
Er bringt ihn in ein Gasthaus. Dort bleiben sie über Nacht.
Der Samariter sorgt für den verletzten Mann.
Am nächsten Morgen gibt er dem Wirt Geld.
Er sagt: „Sorge für den Mann."

Diese Geschichte erzählt Jesus. Dann sagt er:
„Wer von den drei hat gewusst, wer sein Nächster ist?"
Der Mann, der gefragt hat, antwortet:
„Der, der ihm geholfen hat."
Jesus sagt: „Mach du es ebenso wie er."

Text nach Lukas 10, 25-37 von Hellmut Haug

Ich wünsche dir …

… dass auch du mit dem Herzen sehen kannst –
– genau wie der barmherzige Samariter.

Ob es um die Nöte und Sorgen anderer geht,
ob es Dinge zu verändern oder zu bewahren gilt:
Sei du es, der sich angesprochen fühlt.
Der seinen Mitmenschen den Rücken stärkt,
auch und gerade dann, wenn es kein anderer tut.

Denn das macht das Eigentliche unseres Christseins aus:
Dass wir durch das Oberflächliche hindurchschauen
und die Stimme Jesu hören können.
Wenn wir anderen helfen, wird seine Botschaft
auf ganz besondere Weise in uns lebendig.

Ich will dich segnen
und du sollst ein Segen sein.

Genesis 12,2

Gottes Licht kommt in die Welt.
Es ist unsere Sache, es leuchten zu lassen.

Helmut W. Brinks

Vergesst nicht, Gutes zu tun
und mit anderen zu teilen.

Hebräer 13,16

Gott baut ein Haus, das lebt,
aus vielen bunten Steinen,
aus großen und aus kleinen,
eins, das lebendig ist.

Gott baut ein Haus, das lebt,
wir selber sind die Steine,
sind große und auch kleine,
du, ich und jeder Christ.

Gott baut ein Haus, das lebt.
Wir kennen seinen Namen
und wissen auch zusammen,
dass es die Kirche ist.

Waltraud Osterlad

Hier kannst du eine besonders schöne Erinnerung
an die Vorbereitungszeit auf deine Erstkommunion festhalten:

Bringe die Buchstaben in die richtige Reihenfolge, so dass sich fünf Wörter ergeben, die mit unserem christlichen Glauben zu tun haben:

F A T U E

S T O N G T S E E D T I

N E G E D M E I

R E K U Z

S H T O E I

……………………………………………………

……………………………………………………

……………………………………………………

……………………………………………………

……………………………………………………

Auflösung der Buchstabenrätsel auf S. 48

Das ist mein größter Herzenswunsch:

....

....

....

Und das sind noch viele
kleine Herzenswünsche:

Bitte, lieber Gott,
lass meine Wünsche in Erfüllung gehen.
Es muss ja nicht sofort sein. Aber irgendwann, irgendwo …?

Einzigartig bist du …

… denn niemand sonst lacht oder weint so wie du.
Niemand sonst kann auf andere Menschen
so zugehen wie du.
Niemand sonst hat diese kleinen
liebenswerten Eigenheiten, die dich ausmachen.
Und nur du hast Fähigkeiten,
die kein anderer auf diese,
so besondere Art und Weise hat.

Auf der ganzen Welt gibt es dich nur einmal.
Darum pass gut auf dich auf!

Du bist von Gott geliebt.

Daniel 9, 23

Herr, unser Gott,
Du hast uns auf die große Reise geschickt,
die Reise unseres Lebens.
Wir bitten Dich:
Bleib uns zur Seite auf unserem Weg.
Lass uns nicht müde werden
und trotz aller Umwege
einmal das Ziel erreichen,
zu dem wir unterwegs sind.

Alfred Schilling

Wünsche lieber Gäste…

…zu meiner Erstkommunion

Gott gebe dir

für jeden Sturm einen Regenbogen,
für jede Träne ein Lachen,
für jede Sorge eine Aussicht
und eine Hilfe in jeder Schwierigkeit.

Für jedes Problem, das das Leben schickt,
einen Freund, es zu teilen,
für jeden Seufzer ein schönes Lied
und eine Antwort auf jedes Gebet.

Irischer Segenswunsch

Für deinen Weg ...

Passend hierzu gibt es weitere Geschenkideen:

ZUR KOMMUNION FÜR SCHÖNE ERINNERUNGEN
ISBN 978-3-86713-805-5

GELDUMVERPACKUNG „ZUR KOMMUNION“
EAN 4036442000915

SCHLÜSSELANHÄNGER „ZUR KOMMUNION“
EAN 4036442001059

Bildnachweis:
Titel u. S. 6: Flirt/f1 online; S. 2: Simon Coste/fotolia; S. 8: FotoLyriX/fotolia; S. 11 u. 39 (Pergamentrolle) sowie S. 27 u. 34: iStockphoto/Thinkstock; S. 15: Shanna Baker/Flickr/Getty Images; S. 17: Martin Lehotkay/fotolia; S. 21: Rakoskerti/iStock; S. 25: Corbis; S. 38 u. Titel-Rückseite: Jupiterimages/Polka Dot/Thinkstock; S. 41: David Franklin/Photographer's Choice RF/Getty Images; S. 43: Hemera/Thinkstock; S. 46/47: Guilo/fotolia.

Illustrationen und grafische Gestaltung:
Ingrid Thiel-Böhrer

Textnachweis:
Wir danken allen Autoren bzw. deren Erben, die uns freundlicherweise die Erlaubnis zum Abdruck ihrer Texte gegeben haben, sowie der KiMu Kinder Musik Verlag GmbH und den Erben von Rolf Krenzer für die Strophe aus dem Lied „Halte zu mir, guter Gott“ auf S. 8, Musik: Ludger Edelkötter, © KiMu Kinder Musik Verlag GmbH, 50259 Pulheim / Text: Rolf Krenzer und © Text: Rolf Krenzer Erben, Dillenburg.
Der Bibeltext auf den Seiten 28–31 stammt von Hellmut Haug aus: Das große Bibelbilderbuch (Illustrationen von Kees de Kort), © 1994 Deutsche Bibelgesellschaft, Stuttgart.

Idee und Konzept:
Groh Verlag.

Herausgegeben von Dorothée Bleker

Auflösung des Buchstabenrätsels von S. 37:
Taufe, Kreuz, Gemeinde, Gottesdienst, Hostie

ISBN 978-3-86713-797-3

117013-4355-01

Ein Lächeln schenken

Geschenke sollen ein Lächeln auf Gesichter zaubern und die Welt für einen Moment zum Stehen bringen. Für diesen Augenblick entwickeln wir mit viel Liebe immer neue GROH-Geschenke, die berühren.

In ihrer großen Themenvielfalt und der besonderen Verbindung von Sprache und Bild bewahren sie etwas sehr Persönliches.

Den Menschen Freude zu bereiten und ein Lächeln zu schenken, das ist unser Ziel seit 1928.

Ihr

Joachim Groh

GROH